AF599759

DE LA TIERRA A LA TIRRIA

Yerko Alfaro Castro

Aliar ediciones

Corrección: Eladia Guerrero
Diseño de cubierta: Yerko Alfaro Castro
Maquetación: Aliar Ediciones

Depósito Legal: GR 1875-2025
ISBN: 979-13-88058-41-7

Impreso en España

Edita
ALIAR Ediciones
www.aliarediciones.es
info@aliarediciones.es

DE LA TIERRA A LA TIRRIA

Yerko Alfaro Castro

Prólogo

Este libro creo que no es un libro para ser leído, es un libro para ser escuchado, porque su estructura, su cadencia y la manera que tiene de articularse, así como su voz, no es para ser captada con la mirada, sino con el oído. De ahí el empeño en la rima, que parece que en el siglo XXI se nos ha quedado antigua, pero a la que no renunciamos, porque somos música. La poesía es música y, así, se vehicula.

Estoy diciendo esto con los ojos cerrados, porque quería ponerme en la piel de quien escribe estos versos y tratar de entenderlos mejor así. Es una voz, esta que se presenta aquí, antigua, a la vez que moderna.

Es una voz que no tiene miedo a ser caballerosa en un siglo en el que se nos veja, sobre todo a las mujeres, desde la música, desde la falta de reconocimiento, desde los espacios, desde las leyes, desde la sociedad en general, y eso es algo que se plantea aquí. A veces, de manera explícita; a veces, de manera más discursiva. Y, otras veces, pues... te dejas simplemente llevar.

Deberíamos hacer poemarios audibles, cada vez más, porque el mundo necesita escuchar cada vez más la palabra de quien es capaz de ver con los ojos cerrados.

Sara Toro

ÍNDICE

DESDE LOS MULTIAMORES

DESDE LAS OBSCENIDADES

DESDE LAS PROTESTAS

DESDE LOS ROMANCES

Desde las amistades

Ella ama a otra

Me rompo en mil pedazos
y en mil pedazos viviré,
la alegría que bien sabré
guardar desde sus retazos.
Pues me quedan sus abrazos
y sus besos de mejilla…
la vida no es tan sencilla
cuando se ama a una mujer,
que me diga ella cómo querer,
querer a una chiquilla.

Y aunque sea ella mi rival,
le levanto mis respetos:
en décimas o sonetos,
en un antiguo madrigal.
El amor es canto sin mal,
es oda a cada poema,
a cada loco su tema;
porque ella no me ama a mí,

ama a otra, y aunque sea así...
¡no es su ni mi problema!

La vida da tantas vueltas,
es inevitable sufrir.
¡Una razón del devenir!
que hace del amor revueltas,
que todavía no resueltas
siguen haciendo estragos.
¡Como cuales malos tragos!
en la resaca nos llaman,
como cuando dos no se aman
y el recuerdo pide pagos.

¿Por qué no quieres?

Quería poder bailar.
¿Por qué no quieres, Irene?
¡Dame razones!, ¿las tienes?
Que podrías enseñar...
dijiste para variar...
¿Por qué avivas el deseo?
¿Por qué me haces zapateo?
¡Y no me das el compás!
Por favor, ¿a dónde vas?
¡Enséñame el taconeo!

Quería ser tu aprendiz.
¿Por qué no quieres, Irene?
Dame razones si vienes.
¿Te dio lo diva y actriz?
¡Fórmame y hazme feliz!
Que, de ti, quiero aprender,
¡me tienes a enloquecer!
Dame ese arte andaluz,
soy alumno, ¡dame luz!
Aun me quieras suspender.

¡Haz punta, planta y tacón!
¿Por qué no quieres, Irene?
Dame razones... ¿qué obtienes?
Echándote al pantalón:
las manos y el corazón...
Eres dura como palo,
como esos de roble malo;
mas yo quiero palos sónicos,
entre paseos armónicos
y mudanzas de regalo.

Dame veneno flamenco.
¿Por qué no quieres, Irene?
¡Dame razones! ¿Te abstienes?
¡Dame!, aunque sea penco,
tu método de flamenco.
Dame veneno que quiero
morir, y más desespero...
Ven y dame del veneno:
¡dámelo! Ni más ni menos,
y sabrás cómo te quiero.

Santa Gemma

Me voy a rezar a la santa Gemma
para que me traiga algunos amores,
le encenderé velas y un par de flores.
¡Y la propondré como a un teorema!

¿Por qué me va tan mal, mi santa Gemma?
Y se me llena el pecho de dolores...
¿puedes darme acaso tiempos mejores?
O alguna solución a mis problemas.

Santa Gemma, me basta si me escuchas,
o si me cuentas tus propios pecados.
Amiga, has estado en tanta lucha.

Y nos hemos tenido siempre al lado,
cuando el alma yació más debilucha
o hubo que enfrentar al patriarcado.

Si tuviese

Si tuviese que decir
tantas palabras paridas,
de tantas horas vividas
que supe de tu existir.
Tal vez, podría partir
hablando de tu entereza
y asegurar con certeza,
que en verdad tienes el pecho
libre por propio derecho,
y de amor, de pie a cabeza.

Si tuviese que cantar
tantas estrofas compuestas,
de tardes dadas a cuestas,
que oí de tu desamar,
me pondría a interpretar
y apreciar tu valentía
en los pasos de una vía,
en esa tierra que detrás,

te dejaste en los sofás
versa en la melancolía.

Si tuviera que creer
tantas historias contadas,
iría por tus veladas
arraigadas en tu ser;
las cogería con poder
hasta amarlas con ternura.
Las cogería en soltura
de hacerlas intensidad,
allí en cada ciudad
donde vaya tu locura.

Tus migas

Porque no quiero tus migas,
ya no hay ganas migajeras
de una mano barrendera,
y una boca que mendiga.
Para colgar de una viga,
y aferrarme a que te sobre...
prefiero morir pobre
y hambriento, pero sereno,
mucho antes que tu veneno,
posado en tu piel salobre.

Porque no quiero tus migas,
¡pensé en comerme otro bollo!
Porque para malos rollos,
prefiero llamarte amiga.
Por si no hay tiempo, no sigas;
Por si tampoco espacio...
                    Hay cosas que van despacio.
Pero esta nació así, intensa.
                    Y, ahora bien, si lo piensas,
¡es un interés reacio!

Porque no quiero tus migas,
dejé de ser la paloma.
Porque me harté de las comas,
¡puse punto a tu fatiga!
¡Que trabajen las hormigas!
No recogeré del suelo...
¡No morderé el anzuelo
a lo que tires de afecto!,
porque la causa y efecto,
es tu descuido y mi duelo.

Simón te digo

Amigo, compañero, camarada,
aunque esté hecho una birria,
de la tierra a la tirria,
siempre estás ahí, a pie del cañón.
A veces oscilante,
y a tu vera me siento tan gigante,
de un fiel escalafón
que bien sabré poner cierta razón.
Y otro poco de oscilantes llamadas,
¡tal vez de madrugada!

Amigo, camarada, compañero,
tienes el palpitar
dispuesto a rabiar,
unas cuantas contradicciones tersas.
De tu lado la historia,
¡por el suyo acobardadas glorias!
Ellos son los persas
y tú un espartano a las adversas,
que incluso en el más oscuro agujero
te haces guerrillero.

Compañero, camarada, amigo,
porque si alguna vez
tú y la sencillez
hablasteis de partir sin rumbo fijo,
prometí yo pensarte
y a lo más sagrado, que son las artes,
juré tu regocijo,
que allá donde estés fuere un amasijo
de buenos augurios. ¿Qué te digo?
Que, si vas, ¡voy contigo!

En el treinta y seis

Creí oír cierta vez, ya hace unos cuantos años,
nueve probablemente... nueve por diez cruelmente...
que hubo una guerra civil al pie de los quebrantos
y una masacre en la luz de una Manchuria inerte.

Creí oír cierta vez, ciertamente el mismo año,
noticias de aquel fulgor primerizo y constante,
que trajo tu identidad, como también tu llanto,
los días en que la faz daba la paz tan tarde.

Creí oír cierta vez, y tal vez fue el treinta y algo,
el mismo año que diste proyecto y manifiesto,
el mismo que procuré clavar en lo primario,
ese mismo tal vez fue. ¡Cómo huyes de lo abyecto!

Creí oír cierta vez, cuando te vi en los libros,
hablar de una convicción más pura que indomable...
en la historia vi el pulsar de un semblante tranquilo,
a pesar de querer ver, y ver sin puntos aparte.

Creí oír cierta vez, y puedo equivocarme...
que, habiendo pasado el sol,
        queda sombra en los años,
y aún queda el escribir lo que callan tus calles.
Viejo amigo, el treinta y seis, si no escribes, ¡grábalo!

Desde las identidades

Simplemente progreso

Me siento...
¡huelo verde!,
escucho la yerba a mi alrededor,
la toco con calma,
la veo
y se prepara para sonar.

De pronto es una rama,
entra en contacto con mi paladar
y presiento el tacto del amor.
Ese cariño se hace armonía en la pradera,
el campo de pasto empieza a crecer,
¡cada primavera!

Que en un segundo
mi nariz aprecia avistar
y de pronto me hallo perdido...
entre texturas
que no alcanzo con intelecto mandar.

El prado se hace bosque,
el bosque, jungla al andar;
esta selva que me atrapa de pronto,
¡el verdoso mundo no puedo callar!
El olor que busca amantes,
del perfume no quiso beber,
de aquel canto de aves
no supo entender.

Que venían otros tiempos,
donde se medía en metros,
de masa que se medía en segundos...
¡Vaya ciencia con sus retos!,
y el campo seguía fecundo.

Por ocho minutos...
mi alma era cuerpo.
¿Por qué presumía bestialidad?
Cantaba como puerco
y el coro de pájaros
apagaba los gritos
como nieve de Navidad.

Mi lengua seguía saboreando
el imperio vegetal a mi lado,
no había pausa,
y la danza no parecía terminar,
no me fui volado,
¡no me fui volado!

Romance de la oscuridad

Te encontré no sé qué día,
nada más por el perfume,
te proclamé por tu nombre
y te fuiste entre las nubes.

Te encontré una mañana,
galopando por las urbes,
te vi suave con mis manos,
a lo lejos en las cumbres.

Por no ver, rompe el silencio...
mi punzón que va a su aire
y en la oscuridad reina
mi amor que se escribe en braille.

Te encontré a mediodía,
cuando excedías calor,
me refugié en terrazas,
para que me hables al sol.

Te encontré por la tarde,
en sueños de insolación,

pude sentirte más cerca y...
más rápido el reloj.

Por no ver, rompe el silencio...
mi punzón que va a su aire
y en la oscuridad reina
mi amor que se escribe en braille.

Te encontré cuando la noche
hace que los recovecos
¡tengan menos luz que tu alma
y que el mismo color negro!

Te encontré en la madrugada,
donde todo sabe viejo,
donde el sordo puede gritar
y se desbanda el ciego.

Por no ver, rompe el silencio...
mi punzón que va a su aire
y en la oscuridad reina
mi amor que se escribe en braille.

Soy bisexual

Soy bisexual, porque mi madre...
¡me enseñó a comer de todo!
Comería en cualquier modo,
aunque no quiera mi padre
y lo llamaran desmadre
¡y el más grande de los vicios!,
¡más que cualquier edificio!
Por tener el alboroto,
vivir doblemente roto,
¡saltando a ambos precipicios!

Soy bisexual, porque perreo...
Para los nenes, también...
Para las nenas. ¿Va bien?
Si una noche da el paseo,
¡se duplica mi meneo!
Pues si de mí dependiera,
¡sería una verbenera!
¡Pero no! Antes del gusto,
mucho antes que venga el susto,
¡soy persona y primavera!

Soy bisexual, ¡que me atropellen!
¡No me hagáis coger acera!
Por si suficiente no fuera,
¡que los amores me sellen!
En estas carnes que mellen
las historias de mujeres
y de hombres, y otros seres,
más humanos y más libres,
hechos de fuertes calibres
y de amorosos enseres.

Tocón

Yo soy tu ciego tocón,
soy las manos de la huerta,
maduradas en reyertas.
De alguna mejor canción
soy batalla y batallón.
Tengo mis manos de obrero,
hechas al desfiladero
de todo lo que me indigna,
¡se me empuña la consigna
de este pulso que fue fiero!

Yo soy tu ciego tocón,
con dedos de alboroto,
con los que he dejado rotos
varios trozos de cartón.
Sentiré tras el pantalón,
y sobre la camiseta...
sentiré y sin careta
¡los giros de mis yemas!

Sobre tu piel veré poemas,
muy nacidos de mis tretas.

Dame tu consentimiento,
ten cuidado de mi mano...
¡huye! Que no es nada sano
cualquier mío pensamiento.
Huye de los movimientos
que da este ciego tocón;
muévete de refilón,
que no vaya a darse cuenta,
que la intención es muy cruenta,
porque el ciego es picarón.

El sexo no me llena

Si el sexo no me llena, ¿qué llenará la tarde?
Ni la foto nudista ni el texto sugerente.
¿Dónde quedan los días en que quieres la carne
derrochada en plenitud la noche de los viernes?

¿Dónde está el erotismo y el porno en pedazos?
Tal vez, probablemente, aquí, en cualquier parte...
Y por qué de repente, la vida, con los años,
que el sexo no me llena, ¿se hizo pensar constante?

Si el sexo no me llena, ¡qué le cuesta abrazarme!
Y darme un beso largo, de ojos cerrados,
una caricia pura que entienda mi lenguaje,
muy hecho de mis huellas y el eco en mis zapatos.

Cuántas veces te he dicho, y cuando pude verte,
que el sexo no me llena, que en mi pecho no cabe,
una oreja mordida de un orgasmo impaciente,
de un momento efímero que se halla tan distante.

Y se halla tan distante, ¡tan corriente si se abre!
Y buscado por tantos, y buscado por tantas,
si el sexo no me llena, ¿por qué me da tanta hambre?
¡Será que este corazón gusta de cosas raras!
Más raras son las noches, y cuando la mañana,
en vez de querer toser, me busco un buen jarabe...
y olvido la soledad jurándole a la almohada.
Que el sexo no me llena, ¡no tanto como el arte!

Amor emancipado

Porque yo no quiero un amor cualquiera,
lo quiero emancipado.
De costilla a costado,
decidido, ¡compañero a tu vera!
Quiero un amor de fiera,
atrevido, indómito y sigiloso...
tal cual como algún oso,
muy dulce en apariencia,
ávido y abyecto en su violencia;
de un baluarte cuidadoso.

Porque yo no quiero un amor de sobras,
lo quiero emancipado,
de círculo a cuadrado,
¡de sólidos cimientos en sus obras!
Cada paso, cada aliento que recobras,
viste la libertad,
a sus anchas la verdad...
el honor de un afecto persistente,
que se fue por valiente
¡a posar en la piel de la obviedad!

Porque yo no quiero un amor de amantes,
¡lo quiero emancipado!,
de amantes, no. ¡De amados!
Lo quiero delirante,
¡consciente, combativo y militante!
Quiero un amor posible
y, soñar, quiero que sea invencible,
este amor impoluto,
que bien lleva por luto
la muerte de un romance predecible.

Entre tanto recuerdo

Solo de entrar a casa con el lánguido paso,
tengo ganas de llorar. ¿Dónde estás, perro mío?
Que se me atora el llanto entre tanto recuerdo.
Que yo no voy a llorar, hijo, si no es contigo.

Que el día ha ido terrible, no cabe en un aviso.
Que han pasado de mí, que me han pasado encima.
Yo solo quiero llorar cruzando el laberinto
y echar una lágrima que lleve a una salida.

Que yo no voy a llorar, hijo, si no es contigo,
aunque no me comprendas desde mi verborrea.
Que yo no voy a llorar si no oigo tu suspiro,
pensado por mis dramas, nacido de la tierra.

Probablemente vengas dejándome tu hocico
y te dé por lamerme, como lames heridas.
Ojalá me sanares el corazón partido,
que está tan revuelto, y a veces hecho tiras.

Tengo ganas de llorar. ¿Dónde estás, perro mío?
Del polvo acumulado, con el lánguido paso,
del silencio que bebe de este hogar vacío.
¿Dónde estás, perro mío? ¡Que te llama mi llanto!

Por favor, no demores, ven y acude a mi auxilio.
Es tan desesperante como al viaje la bruma,
como ramas agrestes que trasiegan el nido
y que en intensidades solo la piel perjura.

Tengo ganas de llorar. ¿Dónde estás, perro mío?
Por amores supuestos y otros que nunca fueron,
por todos los que tuve y tantos que he perdido.
Y ven a despertarme entre tanto recuerdo...

Que yo no voy a llorar, si no lloro despierto.
Que no lloro despierto, si no está el perro mío.
Que yo lloro por amor, que lloro por mis muertos.
¿Y cómo voy a llorar cuando no estés conmigo?

Desde los multiamores

Mi metamor

Mi metamor,
que no es más que el amor
de mi gran amor.
Que no lo ama ni más ni menos
que los brazos míos,
que los besos míos,
también es un gran amor;
solo que no es mío,
sino ¡de mi gran amor!
y probablemente...
de todo quien quiera amarlo.
¿Cómo no amarlo?
Mi metamor:
no especula con el mercado,
no busca beneficios,
no explota a otros.
Mi metamor:
entiende al migrante,
lo acoge,
llora su dolor.

Mi metamor:
reconoce sus privilegios,
los comparte,
¡y también los rechaza!
Mi metamor:
desprecia el género,
y más a sus roles
que sostienen el poder.
Mi metamor:
no cree en las razas,
ni mucho menos
en quienes las promueven.
Mi metamor:
no entiende las fronteras
ni los amores absurdos
por tantas banderas...
Mi metamor:
hace lo que puede,
con lo que tiene,
y puede... más de lo que da.
Mi metamor:
también tiene sus dolores,

sus malos días,
unas cuantas discriminaciones...
Mi metamor:
se esmera cada día,
por ser una persona mejor
¡y nunca deja de aprender!
Mi metamor:
vive de las cosas sencillas
sin renunciar a sus rarezas
y sus varias manías.
Mi metamor:
que no es más que el amor...
de mi gran amor
que no lo ama ni más ni menos
que las noches mías,
que las mañanas mías,
en cierto modo...
¡también es mi amor!
¿Cómo no amar?
a quien ama a mi gran amor,
a quien ama también:
a la humanidad,

a la justicia,
a la paz
y al mismo amor.

El día que lo abrimos

El día que lo abrimos…
este, nuestro espacio,
nuestro espacio de amor;
casi de seguridad…
¡temblaba de miedo!
y pensé que mis sueños
se caerían como los cuadros
de una casa cualquiera,
en mitad de un terremoto
te dije sí,
porque prefería eso,
antes que perderte.
Prefería unos «labios compartidos»
«antes que vaciar mi vida»,
aunque me doliese,
¡aunque me mataran los celos!
¡Y lo abrimos!
Este amor,
que ya no sé si es amor;
que no sé…

si puedo llamar mío,
si puedo llamar tuyo,
si puedo llamar nuestro.
Pero vamos a decir...
que se llama amor,
que nos seguimos queriendo,
aunque a veces
no sea conmigo
con quien compartes la almohada
o el gemido...
Si hemos tenido en la humanidad
tanto y tanto miedo
a la inmensidad del mar,
al infinito cielo,
¿cómo no voy a temer yo
a este amor abierto?
Mas te quiero,
como las hojas al suelo
al caer el otoño,
como una verdad inefable
que ahora no tiene dueño.

Y aunque para primavera
haya que ver pasar el invierno,
¡no queda más verdad
que la de que te quiero
y te quiero!

No tuve que elegir

«Si me das a elegir»,
yo me quedo con la riqueza, la gloria,
ese cielo y mis ideas
porque sé que las compartes
conmigo...
y con quien quieras,
porque sé que no tendrás que elegir,
y por eso mismo,
me quedo contigo.
Con la riqueza de tu identidad,
de las cosas de tu tierra...
de esas que no se venden,
de esas que no mata ni la guerra,
de esas cosas;
¡quiero tu riqueza!
Con la gloria de tus principios,
te acompaño donde quieras
y donde quieras ser libre,
y también donde quieras

que, otros como tú,
quieran volar y ser miles.

En ese cielo donde el vuelo,
aunque es libre,
no es fácil,
pero libre...
y sea cual sea el nido
¡que sea inolvidable!
Y que mis ideas te acompañen,
¡como la fuerza que te empuja!
Que los cuidados no te falten,
que el amor tampoco;
que los amores menos,
allá donde me escribas.
Y que nunca tengas que elegir,
porque una cosa es conectar,
otra muy distinta
¡coincidir!,
a eso llamas tú
vivir en libertad.

Solo fui un unicornio

Solo fui un unicornio
para vosotros,
para vuestros deseos
y vuestra relación...
¡que se caía a pedazos!
Fui aquel animal
que no existía aparentemente,
pero se planteaba en vuestras mentes
como se planteaba en vuestro sofá.
Y dijisteis que yo era un amor
¡como otro amor más!
Que esto era de tres,
que nos queríamos como tres,
y que como tres...
no nos separaríamos jamás.
¿Por qué os creí?
¡Por qué ignoré la importancia de la antigüedad!
Era muy claro...
había una de las partes que buscaba más,
había una parte que postergaba a la otra parte,

¡que no era yo!,
pero esa otra parte postergada...
sin duda te lo pidió:
que respetaras la historia,
que salvaras sus miedos
y repentinos proyectos...
Y que acabaras con esto
¡del llamado poliamor!
Así lo contasteis una tarde:
que los cuidados,
que vuestra trayectoria,
que no sabíais cómo iría,
¡que se os fue de las manos!,
que me queríais,
pero resulta que...
¡de otra manera!,
y que cerraríais
la puerta,
¡en mi propia cara!
Pero más que el portazo
¡duele la traición!

Más que los dos cuernos de la monogamia
duele el único cuerno
del animal que solo fui,
fantasía en vuestros días.
Unicornio fui
¡y no quiero serlo más!,
¡lo juro por Dios!

Este amor promiscuo

Este amor muy mío,
que nació de mis entrañas,
que tiene ética promiscua
y la moral distraída...
tiene mi deseo florido
entre tanta maleza.
Este amor aguerrido:
que da cara
a la sociedad cada día,
curtida de prejuicios
y tantas inseguridades...
Este amor ¡tiene vida!
Este amor que es compartido,
que se le ha condenado
por ser atrevido;
por desafiar a la familia,
por atentar a la salud,
por ser un mero pecado...

Este amor, a veces desvalido:
porque nadie lo entiende,
porque dicen que lo usan,
porque solo de él abusan,
para noches calientes.
¡Tristemente de él se han servido!
¡Este amor tan tranquilo!
que no ha invadido la vida de nadie…
¡que solo dijo que había que compartir!,
que había que vivir,
simplemente en el sentir
de amar libremente a alguien.
Este amor, tan tuyo como mío,
seguirá siendo discriminado,
¡seguirá siendo incomprendido!
Pero seguirá siendo libre…
libremente para valientes
que lo han escogido.

Polidrama

Mi polidrama...
no es la pena de un uniformado azul,
ni mucho menos de uno verde;
tampoco es la tensión de una ciudad
por la cuestión de la vivienda
y los falsos hoteles.
Mi polidrama...
no se trata de muchos problemas,
que son como nudos al cuello...
como cuando el jefe te regaña
y te echa la amenaza
de amanecer sin empleo.
No, mi polidrama...
se trata de otra angustia,
de esas que le gustan a la gente ñoña.
angustias de desamor,
de amores fallidos
y algo indecentes.
Mi polidrama va...
de que me he enamorado:

¡de que nos hemos enamorado!
¿Y dónde está el drama?
En que... esta persona pide exclusividad
y yo no se la he dado.
Mi polidrama es que...
yo ya tengo hogar
con un acuerdo abierto,
pero esta otra persona...
incluso sabiéndolo,
¡invalida lo que quiero!
Mi polidrama es polidrama...
¡porque tengo todo claro!
Si yo vivo como vivo,
¡y esta persona se rehúsa a aceptarlo!,
habrá que vivir un duelo,
porque tendremos que... ¡llorarlo!

En la pradera

En la pradera
vi nacer tantos colores:
sobre los animales
y debajo de las flores.
Me deslumbró la luz
que brotaba de los girasoles,
era tan fuerte...
¡que ignoraba sus olores!
Vi tantas cosas de color verde
poblando la pradera...
las amé a todas,
como buen amante de la primavera.
Las vi frescas y maduras,
las vi tan relucientes
en cada matiz.
¡Fui tan feliz!
al reconocer cada tono
que había en la pradera.
¡Los amé a todos!
había verde musgo,

verde de hierba seca,
también olivado verde
y verde tipo persa.
Me focalicé en un verde lima...
de unos bosques tras la pradera;
el follaje era verde vejiga
y más al fondo verde helecho.
¡Qué tienen los verdes, naturaleza mía!,
que si los verdes fueren algo
serían los amores de mi vida,
y la pradera entonces,
el transcurrir de mis libres días.

Desde las obscenidades

Se podría

Escribir y cantar la misma canción tonta,
hablar de asuntos cursis de la idealización,
pretender cumplir sueños baratos de poca monta,
viviendo en la pura desesperación.

Cuántos no hacen siempre la misma cosa...
prometiendo el cielo, la tierra y más,
con el estómago habitado por una mariposa
y unos pensamientos que desgastan lo demás.

Entre perder el tiempo y unos kilos,
a la vida nuestra le sobran aventuras,
para amores que nos dejan intranquilos...
¡no hay límites para todas esas locuras!

El amor en arte es casi una moda
de métricas y armonías cuidadas,
verdad a medias, ¡mentira toda!
hay que... ¿vender? ¿para sacar unas tajadas?

Y si te quiero insultar de repente...
o discriminar con absoluto desdén,
dedicarte hasta la palabra más indecente,
sobreponiendo el mal antes del bien.

Quiero manifestarme en honor del recuerdo,
¿que nos une en una cultura popular
de emociones más simples en acuerdo?,
¡que las pasiones son para actuar!

Sin tanto vocablo bonito,
ni la intensidad al declamar,
no somos dioses de otro mito...
¡o caballeros de guerras a jurar!

A esta altura soy un humano sencillo,
que se cansa de las letras...
solo quiero oírte preguntar en el jueguillo...
¿cuándo me penetras?

Desgárrame

Quítame toda la inocencia que me queda,
junto a la frialdad con que reacciono,
para que esa ropa de una vez ceda
y la temperatura de mis ganas tenga otro tono.

Acércate para decirme cosas sucias al oído:
no importa en la lengua que sea,
aprenderé a leer de ti cada gemido,
viendo muy bien tus intenciones... ¡aunque no vea!

Hazme trizas como nadie lo ha hecho,
rápido, lento, como quieras,
en los muebles, el piso o el lecho...
¡la más salvaje compañera entre todas las fieras!

Enrédame en tu pelo una vez más:
así odio al único que tengo que odiar entre nosotros,
porque ya da lo mismo la existencia de los demás;
la noche, mañana, tarde es nuestra ¡y no de otros!

Desgárrame de pies a cabeza,
rompiendo uno a uno mis esquemas,

haciendo que enloquezca con certeza
¡de sentir placer sensorial cuando me quemas!

¡Y lánzate encima de mí en este instante!,
toma todo lo que pretendas tomar,
enseña lo que desees de ahora en adelante:
eres dueña de esta apasionada forma de dar.

Más y más

Carita redonda, ojitos duros,
boca bonita, mofletes marcados,
nariz de guerrera, labios delgados,
pelo lacio, hacia tonos oscuros...

De hombros con pasados y futuros,
cuello grueso, donde besos son dados;
manos que matan, sueños mojados,
¡los pechos que estallan dichos impuros!

Es la fuerza que ríe y se rabia,
la decisión, la estructura, además...
¿es mediación, o una justicia sabia?

Es la pasión, y la introspección atrás...
es el análisis, la muda labia,
es la mujer que amo, así, más y... ¡más!

He ido a una jarana

He ido a una jarana,
algo rara, padres míos:
en un pueblo tras el río,
que duró hasta la mañana.
Taparon puerta y ventanas,
pero no hubo mucho ruido...
solo risas se han sentido
entre juegos depravados,
los ojitos se han vendado
y así andan sometidos.

Vi cuatro chicas besarse,
todas juntas, padres míos:
ligando todo el gentío...
uno sin siquiera liarse...
¡por ir a recuperarse
de la sorpresa que tuve!
Una estaba en las nubes,
atada de pies y manos,
porque no ha sido en vano
la candela que les sube.

Otra olvidó tal dolor...
de sus nalgas, padres míos:
solo llenaba el vacío,
el placer en el ardor...
de aquel morado color,
visto por los voyeristas.
¡No era nada impresionista!,
pero yo, que era inexperto,
y aun dándome por despierto,
callaba entre fetichistas.

¡Oí gemidos y azotes!,
no sabía, padres míos
dónde estar en tal desvío...
¿Mirar entre los barrotes
sin descaro los cipotes?
¡O quién tiene grandes pechos!
Fue mejor mirar al techo,
pensar por dónde zafar...
y cuando pude escapar
¡se vinieron a mi acecho!

Dos pájaros de un trío

Porque maté dos pájaros de un trío,
vuelo, como ellos vuelan por mi mente:
uno tenue, el otro incandescente,
ambos beben del agua de este río.

Porque maté dos pájaros, ¡fueron míos!,
comieron de mis carnes brevemente,
y les robé yo como un delincuente...
las ganas de olvidarnos de este frío.

Nos fusionamos tú, ella y yo,
como mineral en la vieja roca,
mi cuerpo en vuestro cuerpo se fundió.

Qué dulce fue vuestra boca en mi boca,
y qué dulce fue el recuerdo que dio
el sudor de aquella mañana loca.

Cuando tuve veintiuno

Hace ya... cuando tuve veintiuno,
me abalancé sobre un querido amigo
y todo lo que llevaba consigo
lo devoré en el momento oportuno.

Le di besos, fueron más de ciento uno,
mi boca de su cuello a su ombligo,
¡sus carnes fueron el mejor testigo!
Que no se oculta hasta lo más bajuno.

Me besó, yo lo besé con mi lengua,
él puso sus dedos en mis entrañas,
lo apreté en mi juventud que deslengua.

A todas las pasiones más extrañas...
lo desee, y aunque ahora tal vez mengua,
su imagen todavía me acompaña.

Tu jugo

Cuando el pan lo has de mojar,
quiero gotas de tu jugo
y hasta el último mendrugo...
¡Que no se pueda secar!
Moja y moja como el mar,
toda arena, toda roca.
Humedéceme la boca,
¡desde afuera y hacia dentro!
Moja y apunta al centro,
¡que ya se descoloca!

Si vas a verter el deseo...
que sea donde tu jugo
vaya a encontrar al verdugo
de la carne en contoneo...
Y que sea ese meneo
¡tal vez espasmo total!
Que moje cual vendaval
cada centímetro puesto,
en cada pliegue dispuesto
que nos desborde en canal.

Si te atreves a mojarme
a ras de tez con tu jugo,
donde estiro, donde arrugo,
¡haz que quiera revolcarme!
¡Empápame hasta inundarme!
Que no pueda del ahogo
hablar, como cuando drogo
mis palabras, mis ideas.
¡Cúbreme con tus mareas!
Y con lo que más dialogo...

¿Sabes qué quiero vilmente?
Quiero tu jugo en mi jugo,
quiero mi cuerpo en tu yugo
y que de una vez mi mente,
la hagas volar de repente
cuando fluyas por mis piernas.
Y en mis dulces carnes tiernas,
¡nuestros jugos sean uno!
Y bien será oportuno...
¡si la mezcla se hace eterna!

Desde las protestas

Mi verso

Mi verso, que es de romance
de siglos y milenios
memorables,
es heredero de avances,
de románticos ingenios
adorables.

Que el verso mío deja
como cualquier otro huella
sobre el alma...
música a cada pareja,
y cuando el pecho se arguella,
en su calma.

Este que es un verso converso,
del ser de mi ideología
delirante;
también es verso diverso
y muy de su poesía
militante.

Este, cóncavo y convexo,
dualista y contradictorio,
¡es lo que es!
Desinhibido en el sexo,
derecho ve el dormitorio...
y al revés.

Este verso, que es palabra
y, a la vez, hechos del mundo
conocido,
de pesadillas macabras,
supo extraer un profundo
colorido.

Este verso, mi versito,
tan sonante y liberado
del vacío,
de aquí y hasta el infinito
siempre vuela enamorado,
¡verso mío!

Verde

Verde, que no te quiero nada, verde,
no sea que el delirio
te diga que tal vez la fama muerde
la cera de tus cirios;
de pronto creas que es muy atractiva:
cada canción y poema,
cada pintura y cada película,
tanto individual como colectiva,
¡que todo tiene que ver con tu tema!
con tu ego y su matrícula...

Verde, que no te quiero nada, verde,
artista de generaciones viejas.
Ni ver cómo te pierdes
en prácticas añejas;
repitiendo y repitiendo, pipiolo,
ten mucha más conciencia,
sentido de respetar,
como ellas, ¡no estás solo!
y debemos ir contra la violencia...
que hablen ellas ¡y nosotros callar!

Verde, que no te quiero nada, verde,
más bien, crítico con tus privilegios,
a ti te hablo, artista:
escúchame, y espero que concuerdes,
¿es o no es sacrilegio
manchar el arte por ser egoísta?,
por tu afán de un deseo fetichista
creer que es un sortilegio,
reafirmarte en lo verde
si te viene la alerta feminista.

Verde, que no te quiero nada, verde,
mira las estructuras...
¿acaso la conciencia te remuerde?
¿O crees que es locura?,
que el abuso de poder es explícito,
que son solo casos individuales,
¡pero no!, ¡es implícito!
Mucho más que casuales
y prolongados dentro de la historia,
¡deshonra cualquier gloria!

Yo no soy antisemita

Yo no soy antisemita,
mucho menos quiero serlo...
pudiendo reconocerlo,
¡sería una mentirita!
Porque sangre sefardita
en este cuerpo latino
sigue andando sin destino,
sigue escarbando el pasado,
de cuyo exilio le ha dado
un triste canto ladino.

Yo no soy antisemita...
¡ni se te ocurra tal cosa!,
mi habla quiere ser juiciosa,
¡criticar guerras malditas!,
porque nadie necesita
más que dos dedos de frente...
que el *premier* y el presidente
son motores de un Estado,
¡egoísta y despiadado!
que mata y mata gente.

Yo no soy antisemita.
tal vez los antisionistas
tengan razón a la vista.
Puedes venir de visita...
pero no ¡quien casas quita!,
puedes huir de la guerra,
pero no aislar de la tierra
a quien vivía mucho antes,
en su fe, y tolerante,
mucho antes de esta vil guerra.

¡Yo no soy antisemita!,
que el Estado de Israel
sea infame; ¡es por él!
Perdón que me lo permita...
¿sabéis dónde delimita?,
¿o dónde se quiere extender?,
pues, yo no lo quiero saber.
Parece un perro rabioso,
el vecino más odioso
que nadie quiere defender.

Yo no soy antisemita:
solo estoy contra del Gobierno
de este levantado infierno
que desde la Nakba agita
en Palestina una cita
¡muy urgente con la historia!,
holocausto en la memoria,
¡un terrible genocidio!,
cómo no va a dar fastidio...
¡si hay contradicción notoria!

Tu pasión no binaria

Descubrí una tarde tu pasión no binaria,
de reivindicaciones la vi salir de la piel.
Tormentosa y revuelta; tan soez y ordinaria,
tan amarga como agria, tan dulce como la miel.

Ni hombre ni mujer, nada, ni símil parecido,
ni roles opresores ni estéticas pasadas;
tu pasión no binaria despierta mi sentido,
mi sentido más común, ¡sentir de barricadas!

Hacer la resistencia y al género negarlo,
como cual dictadura. Pensar un mundo nuevo...
derribar los constructos hasta degenerarlos,
mis ganas de que caigan, ¿ver que me conmuevo?

Tu pasión no binaria tengo ganas de que dé
más fuerzas para seguir desmontando constructos,
que no hay diferencias entre hombre y mujer,
más que las que este sistema nos dejó como frutos.

¡Frutos envenenados que no se han de comer!
yo solo necesito tu pasión no binaria,

tus convicciones, tu sentir, por si no se puede ver...
que tu lucha es mía, ¡tan próxima y diaria!

Y hacer por fin entender aquello del pronombre,
tiene sueño y decisión, algo más que disforia,
más que las relaciones entre mujeres y hombres,
pensar un mundo nuevo y contar otra historia.

Mi amor es de una mujer obrera

Es de una mujer obrera
el bum del corazón mío,
y en el tiempo más sombrío
late de cualquier manera.
Es renegada en su quimera,
muy entregada en labor,
complaciente ante el favor
y avocada a sus cercanos,
que a todos como hermanos
brinda cúmulos de amor.

Es muy de una trabajadora
esta renegada alma,
que aun así encuentra la calma
de una baza explotadora.
Resiste al exceso de horas
y probablemente días...
las ilusiones vacías
que sean de un porvenir.
¿Son más fáciles decir

que vivirlas todavía?
Es de una mujer currante
este corazón romántico,
muy aguerrido en su cántico
en cada latir errante.
Estudiado y estudiante,
este corazón valiente
que espera tal vez paciente
que caiga su día de suerte,
justo, merecido, fuerte
a su ser contracorriente.

De una mujer proletaria
¡es esta admiración!
por su fuerza y condición
en ritmos de entrega diaria,
y aunque revolucionaria
no es su próxima consigna,
¡pretende una vida digna!
alzando quizá la voz,
y en una lucha precoz
ve el dolor en lo que indigna.

Romance de todos los seres

Si tuviera que pensar...
no lo haría por la noche,
porque con tremenda angustia
se me desvela hasta el bosque.

Qué largas se hacen las horas,
qué duro es ir contra el bloque,
porque afuera cambia todo
si la vida ausenta el goce.

Amo cuanto puedo todo,
cada bestia, cada planta.
¡Cómo duele que se esfumen!
por la culpa de mi raza.

Tengo un futuro de incierto,
sin ficción ni maravillas.
Creo que el devenir trae
inundación y sequía.

Tengo el corazón en partes,
pero más la sien partida;

de tanto pensar parajes
en sus nubes radioactivas.

Amo cuanto puedo todo,
cada bestia, cada planta.
¡Cómo duele que se esfumen!
por la culpa de mi raza.

Porque se ven tumultuosos
estos tiempos que nos corren,
porque el agua merma fuerte
en el río de los pobres.

Y adolece el suelo isleño,
tiñéndose azul el orbe...
Y el hielo tras la candela,
ya no sé dónde se esconde.

Amo cuanto puedo todo,
cada bestia, cada planta.
¡Cómo duele que se esfumen!
por la culpa de mi raza.

Tengo ganas, torero

Tengo ganas, torero,
de que de una vez entres al ruedo,
ahí donde yo ni siquiera puedo
entrar con un pisar.
Tan gallardo, temerario y campante,
como tú por delante,
¡tan vanidoso y soberbio al andar!
Muy de tu hora estelar,
no obstante, sin acero...
¡eres más frágil que cualquier madero!

Tengo ganas, torero,
de que te plantes sin muleta ni estoque
y con la mejor suerte que te toque.
Tú enfrentado al toro
y yo con la pereza de sentarme...
¿Podrás emocionarme?
O que tal vez me pliegue a tu decoro...
¿Qué rezo al cristo de oro
que calme al toro fiero?,
¡o un castigo por ser tan traicionero!

Tengo ganas, torero,
de que no me halle el llanto por la muerte
y no haya que ver la vida a su suerte
ante un rito sangriento.
Llorar no quiero, por ti y tu juego,
¡ni por la bestia luego!
Ya sufrió bastante en los cimientos,
¡ten arrepentimiento!,
no mates al guerrero,
¡mata esas ganas de ser torero!

Desde los romances

Haré

Haré como si no me importase...
como cuando no te conocía,
cuando siquiera iba todavía
a pensarte fielmente en cada fase;
lentamente iluminas poco a poco el día
iluminando hasta que me maravillase,
hasta un brillito que así llamase,
un brillito simplemente, Lucía.

Haré cuantas recetas me salgan,
recetas de cosas buenas en mi mente:
de cosas buenas y forma prudente,
de forma prudente y que así valgan,
valgan para tu tranquilidad ¡y tu frente!
Tranquilidad que no quiere tormentos
        que descabalgan,
que ni quiera compromisos que equivalgan
a compromisos de un ayer muy demente.

Haré cuando me lo pidas,
cuando más lo necesites,
más lo quieras y visites...
como quieras mis ideas dormidas,

mis ideas que espero algún día cites,
algún día para alguna de tus vidas.
Algunas, que son mis propias comidas,
propiamente, es la esperanza que me invites.

Haré ojos ciegos a mi adolescencia,
ojos ciegos, pero oídos a mi adulto insulso,
oídos que resistan a cualquier impulso,
que resistan al gemido ahogado de indecencia...
¡gemido ahogado que me tiende el pulso!,
que me tiende y me tienta a tu insolencia,
que me tienta hasta no poder la resistencia,
de no poder callar un roce convulso.

Haré como que creo que soy bueno,
como que puedo controlarme ahora...
controlarme no quiero y me atora,

no quiero, aunque le digan veneno,
aunque no mate ni viva a deshora,
¡no mata el amor sin freno!,
el amor es combustible y relleno,
¡combustible de cualquier caído si se enamora!

¿Dónde estás, Saray?

Antes que yo me sublime...
porque más razones no hay,
dime dónde estás, Saray,
dime por dónde estás, dime.
Antes que la pena arrime
del último desapego,
cuando por los suelos mi ego
caiga del amor procaz,
que se niega por perspicaz
a morir en lo que entrego.

Que el corazón se desfonde,
sin saber dónde, ¡caray!,
dime dónde estás, Saray,
que dime dónde estás, dónde...
que yo te busco y te escondes,
te escondes, vuelvo a buscar
en la calle, en cada bar,
y te rebusco en mis sueños,
con tus ojitos risueños,
de tus sueños al andar.

¿Estarás aquí?, ¿o allá?
¿Es Hawái?, ¿tal vez Bombay?
¡Dime dónde estás, Saray!
¿Me he vuelto loco quizá?
Que te has vuelto mi maná
al andar de mi desierto,
donde vaya es desconcierto
y te vuelvo a recordar.
¿Seré capaz de olvidar
si sigue el latir despierto?...

Nombre de gitana, dices
que tienes, y suena guay.
Dime dónde estás, Saray.
Dónde estás que te desdices,
por favor, que me destrices
esta ilusión que me queda,
tan fina como la seda.
No he de idealizar más...
¡idealizar jamás!
Y, sin embargo, me enredas.

Fuiste a desaparecer...
preguntė, pero nanay.

Dime dónde estás, Saray,
dime dónde estás, ¡joder!
dónde estás, te quiero ver,
aunque sea algún segundo,
aunque fuera de este mundo;
quiero de ti más que el perdón,
la cordialidad de frentón
y el olvido más profundo.

Mi neurodivergente

Mi neurodivergente, ¿dónde estás esta noche?,
que estás haciendo tarde que te extrañe tan fuerte.
Por qué me dueles tanto en horas del reproche...
y me acompañas tarde, aunque estés tan distante.

¿Por qué estás tan distante, mi neurodivergente?,
tus ganas, dónde fueron después de tanto impulso...
Probablemente fuera y junto a los rencores,
viven en el recuerdo los días más convulsos.

¿Me perdonarás tal vez algún día lejano?
Tanta ansiedad que te di, mi neurodivergente...
sobreestimulaciones en lo más cotidiano,
mis malas ocurrencias que vuelan de repente.

Echo de menos tal vez tu exceso de información
cuando me saturabas de datos y de amor.
Mi neurodivergente, un poco de tus sueños,
tus grandes ambiciones, tus historias de dolor.

Todas tus cosas raras las echo mucho en falta,
tus gustos e hiperfocos, y a veces tu rigidez...

las piedras de pingüino, una moral bien alta
y unos cuantos descuidos, ¡mi neurodivergente!

Y me quedó el vacío de no poder cuidarte,
de no poder darte más una presión profunda,
jugar en paralelo, mi neurodivergente,
en una compañía de caricias rotundas.

Si no te hubiera dado

Si no te hubiera dado hiperfoco
por haberme querido conocer...
Si no te hubiera dado por saber
de mí algo bastante más que un poco.

Entonces, no estaría como un loco,
obsesionado en querer quizás leer...
algo más que noticias de tu quehacer,
pero no hay noticias ni amor tampoco.

Si no te hubieran dado las hormonas,
si no me hubieran dado a mí...
porque siquiera aún no me perdonas.

¿Qué hago pensando que vendrás aquí
y que no hay más entre las personas
como tú, tu alma, tan lejos ahí?

Un compromiso

Yo no quiero amarte desde el orgullo
ni que me dé la soberbia tampoco,
la fuerza siempre de un impulso loco,
de tener la razón en el barullo.

Y cuando nos caiga el gran marullo,
y el aire nos dé tremendo sofoco,
quiero encontrar en tus brazos el foco
de un fuerte y enternecido arrullo.

Quiero que me quieras sin oír juicios,
tal como me ves y como soy,
y déjame entrar aun por los resquicios.

Que tengo ganas de robarte hoy
un compromiso que te saque de quicio...
desde el inocente amor que yo te doy.

Romance de un fluir

No quiero fluir como el río
o el torrente que prefieras,
puedes, si quieres, caudaloso
en deshielo de primavera.

Y puedes imaginarlo...
arrasador en tormenta
como una riada que baila,
su fluir en la violencia.

Fuego soy y, así, prefiero
antes que fluir quemar ascuas,
porque si te mojas, amor...
yo no quiero ser el agua.

No puedo fluir cual gotera
que te cale la techumbre,
no puedo inundarte el pan
y los sueños que te lucen.

No quieres imaginarlo
y, si quieres, lo discutes;

porque un agua en el hogar...
sí, fluyendo lo destruye.

Fuego soy y, así, prefiero
antes que fluir quemar ascuas,
porque si te mojas, amor...
yo no puedo ser el agua.

No busco fluir por los tubos
que desquebrajan la fuga,
ser líquido del drenaje
que acompaña la basura.

Buscas hasta imaginarlo...
y no hallas más que bruma.
No me canso de pensar
que, si de fluir... ¡no haya duda!

Fuego soy y, así, prefiero
antes que fluir quemar ascuas,
porque si te mojas, amor...
yo no busco ser el agua.

Las mañanas

Acaecido mi llanto
en el albor de un recuerdo,
se ha de proponer indeleble
al irresistible sueño.

En las tumbas y ataúdes
viajan silentes los muertos
y sabiéndose descansados
rezan por ti y por tu cuerpo.

Ay, rocío; ay, rocío,
que me impregnas las mañanas.
¿Cómo no he de sucumbir
si me empañas la mirada?

¿Será ahora de escozor?
¡O el esponjoso pedazo
con el que ahogas mis sienes...
de afectos, en cada paso!

Cuando la luz rompa el brillo
del herrete en los zapatos

y cuando abran tus pestañas,
sofócame a arrumacos.

Ay, rocío; ay, rocío,
que me impregnas las mañanas.
¿Cómo no he de sucumbir
si me empañas la mirada?

Si una cómplice ternura
de manos arrebatadas
hace que desprenda el beso
y que me funda en tus brasas...

Entonces, cariño mío,
¡difumina la ventana!,
que tendré el pecho vibrante
cuando vengas a mi cama.

Ay, rocío; ay, rocío,
que me impregnas las mañanas.
¿Cómo no he de sucumbir
si me empañas la mirada?

Porque el imaginario puede
más que la prosa y el verso,
porque somos algo más
que todo este mundo inmenso.

Habrá que dibujar verde
el tramonto del desierto
y habrá que pintar la noche
en su final predilecto.

Ay, rocío; ay, rocío,
que me impregnas las mañanas.
¿Cómo no he de sucumbir
si me empañas la mirada?

Este libro se terminó de editar en Granada
en diciembre de 2025 por

Aliarediciones

www.aliarediciones.es
info@aliarediciones.es